Deutsch mit Olli

3

Lesebuch

Arbeitsheft
LEICHT | BASIS

erarbeitet von
Simone Eutebach, Sylvia Gredig,
Andrea Sperr, Brigitte Umkehr

mit Illustrationen von
Adja Schwietring, Petra Eimer

Cornelsen

Inhaltsverzeichnis

LEICHT BASIS

1

Kostümierte Katzen / Vom Traumschiff zum Raumschiff

1 📗 **Lesebuch Seite 6** Lies das Gedicht **Kostümierte Katzen**.

2 Welches Wort steht im Gedicht? Kreuze an.

Kostümierte Katzen kauen

☐ Gras.　☐ Käse.　☐ Mäuse.

Moderne Maden mögen

☐ Krach.　☐ Lieder.　☐ Musik.　◇

3 Dichte selbst weiter.

Freche Fische fangen _____ .

Heitere _____ holen _____ .

4 📗 **Lesebuch Seite 6** Lies das Gedicht **Vom Traumschiff zum Raumschiff**.

5 Ein Buchstabe fällt weg. Ergänze die Sätze.

Ohne T: Und in der Tanne wohnt die _____ .

Ohne P: Und der Spitz macht nie _____ .

Ohne S: Nur der Dachs hält sich wacker auf dem _____ .　◇

6 Lass neue Wörter entstehen. Schreibe auf.

Bruder (B), Yacht (Y), Drachen (D), Gast (G), Qualm (Qu), Reis (R), Igel (I), Ball (B), Nelke (N), Plätzchen (P), Fliege (F), Keule (K), Pinsel (P)

Ohne B wird der Bruder zum Ruder.

Ohne Y wird die Yacht zur Acht.

Buchstabentausch oder Tuchstabenbausch

1 Aus welchen beiden Wörtern besteht das Wort Buchstabentausch?
Kreuze an.

| ☐ Bauchstaben | ☐ Buchstaben | ☐ Tuchstaben | ☐ Bachstaben |
| ☐ Bausch | ☐ Tuch | ☐ Tausch | ☐ Tusch |

2 **Lesebuch Seite 7** Lies das Gedicht oder lass es dir vorlesen.

3 Immer ein Buchstabe ändert sich. Markiere ihn in beiden Wörtern.

Nagel → Nadel   Nadel → Nudel   Nudel → Pudel

Pudel → Nudel   Nudel → Nadel   Nadel → Nagel

4 Tausche immer einen Buchstaben aus, sodass sich ein neues Wort ergibt.
Schreibe auf.

Geld → _____

Hase → _____

Bahn → _____

Macht → _____

5 Wie wird aus der Vase eine Rose?
In jedem Wort darf nur ein Buchstabe verändert werden.

Vase → Nase

Nase → _____

_____ → _____

_____ → Rose

Wie wird der Hund zum Kind?

fliegen

1 📗 **Lesebuch Seite 9** Lies das Gedicht. Lies laut und werde immer leiser.

2 📗 **Lesebuch Seite 9** Stell dir vor, etwas fliegt immer weiter weg. Lies das Gedicht so.

🦜 Wie sieht das Gedicht jetzt aus? Schreibe das Gedicht auf.

3 Zähle die Wörter im Teich. Wie oft findest du sie?

Pflanze ☐   Wasser ☐   Wurm ☐

Fisch ☐   Grund ☐

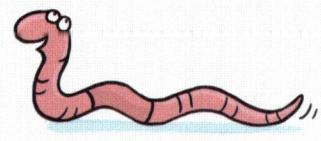

4 Welches Bild passt zu den Teich-Wörtern? Kreuze an.

Der Kabeljau

1 📗 **Lesebuch Seite 10** Lies das Gedicht.

📖 **2** Male zu jeder Strophe ein Bild.

Am Meer

1 Trenne die Wörter durch Striche | . 🔍

k i t z e l n v e r g r ä b t v e r s c h e u c h t b e s c h e n k t g e s c h u p p t e n

2 📗 Lesebuch Seite 10 Lies das Gedicht.

3 Was ist mit dem Satz „Das Meer kommt, das Meer geht" gemeint? Kreuze an.

☐ Die Wellen kommen und gehen. ☐ Die Vögel kommen und gehen.

☐ Der Sommer kommt und geht. ☐ Eine Sturmflut kommt und geht.

4 Kreuze die richtigen Aussagen an.

☐ Das Wasser kommt nicht bis zu meinen Zehen.

☐ Meine Füße versinken im nassen Sand.

☐ Im Meer baden die Vögel.

☐ Die Vögel fliegen vor den Wellen weg.

☐ Das Meer spült Muscheln an den Strand.

☐ Die Muscheln sind nicht glatt.

5 Was macht das Meer noch? Schreibe dein Gedicht.

Das Meer kommt,
das Meer geht.

Es [   ]

Es [   ]

[   ]

wie es kommt
und wie es geht. ◇

🦜 Schließe deine Augen. Stell dir vor, du bist am Meer. Was hörst du?

Novembervulkan

1 📖 **Lesebuch Seite 12** Lies das Gedicht.

2 Wer ist der Vulkan? Kreuze an.

☐ der November   ☐ der Wind   ☐ das Kind

3 Finde die sechs Unterschiede. Kreise ein.

Winterschlaf

1 📖 **Lesebuch Seite 13** Lies das Gedicht.

2 Lerne das Gedicht auswendig. Trage es vor.

Diese Tipps helfen dir:
- Lerne eine Strophe nach der anderen.
- Lies die erste Strophe mehrmals.
- Sage die erste Strophe laut auf (ohne in das Lesebuch zu schauen).
- Wenn du die erste Strophe auswendig kannst, lerne die nächste.
- Wenn du alle Strophen gelernt hast, sage das Gedicht mehrmals auf.

🦜 Warum hält der Igel Winterschlaf?
Recherchiere in Sachbüchern und nutze Kindersuchmaschinen.
Gestalte ein Infoblatt.

Schließe die Augen und stelle dir vor, was du gelesen hast.

November

1 Zeichne die Silbenbögen ein.

Schlackerwetter   Novemberspaß

durcheinanderwirbelt

2 **Lesebuch Seite 12** Lies das Gedicht.

3 Was bedeuten diese Wörter?
Verbinde jeweils mit der passenden Erklärung.
Setze das Lösungswort aus den Buchstaben zusammen.

verdrießlich sein   ohne aufzuhören, ohne Ende (H)

maulen   drehen (S)

graulen   Angst machen (R)

Pracht   schlechte Laune haben (T)

zwirbeln   meckern, schimpfen (E)

ohne Unterlass   etwas besonders Schönes (B)

Lösungswort: ☐ ☐ ☐ ☐ ☐ ☐

4 Was ist Schlackerwetter? Schreibe auf.

_____

_____

5 Was machst du am liebsten bei richtig schönem Schlackerwetter? Schreibe auf.

_____

_____

_____

1

Weihnachtsfreude

1 Worauf freust du dich besonders in der Weihnachtszeit?

2 **Lesebuch Seite 14** Lies das Gedicht.

3 Welche Wörter reimen sich? Markiere sie in derselben Farbe.

Sind die Lichter angezündet,
Freude zieht in jeden Raum;
Weihnachtsfreude wird verkündet
unter jedem Lichterbaum.
Leuchte, Licht, mit hellem Schein,
überall, überall soll Freude sein. ◇

4 Wie heißen die Reimformen in dem Gedicht? Schreibe auf.

Vers 1 bis 4: ⬚ reim   Vers 5 und 6: ⬚ reim

Wenn es schneit

1 **Lesebuch Seite 15** Lies das Gedicht.

Eine Zeile in einem Gedicht heißt Vers.

2 Beschrifte das Bild.

Sommersprossen   Schal   Wintersprossen   Mütze   Wolke

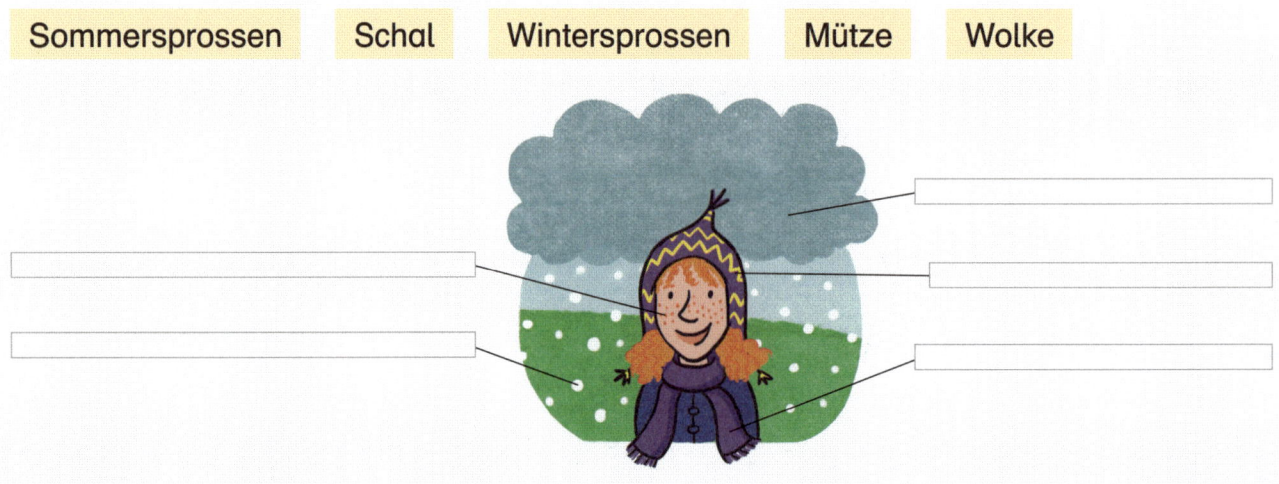

Schreibe ein Gedicht in deiner schönsten Schrift ab.
Male dazu. Verschenke es.

Vorweihnachtstrubel

1 📗 Lesebuch Seite 14 Lies das Gedicht oder lass es dir vorlesen. 🔵

2 Welche Tätigkeiten kommen in der zweiten Strophe vor? Kreuze an.

☐ kaufen ☐ kochen ☐ backen ☐ rätseln ☐ naschen

☐ schreiben ☐ packen ☐ musizieren ☐ ruhen ☐ lesen

☐ genießen ☐ singen ☐ schmücken ☐ basteln ☐ flüstern

3 Was machst du gerne vor Weihnachten? Markiere in **2**.

4 Unter dem Weihnachtsbaum liegt ein Päckchen Familienzeit.
Was macht ihr damit?

Winterrätsel

1 📗 Lesebuch Seite 15 Lies das Gedicht.

2 Wer oder was ist im Winterrätsel gemeint?

_____

3 Bringe die Sätze in die richtige Reihenfolge.

☐ Die Sonne scheint.

[1] Es ist dichtes Schneetreiben.

☐ Der Schnee schmilzt.

☐ Das Wasser versickert in der Erde.

☐ Viel Schnee liegt auf der Landschaft.

Das Ei

1 Welche Eierhälften passen zusammen? Schreibe die Wörter auf.
Welches Tier bleibt übrig? Schreibe auf.

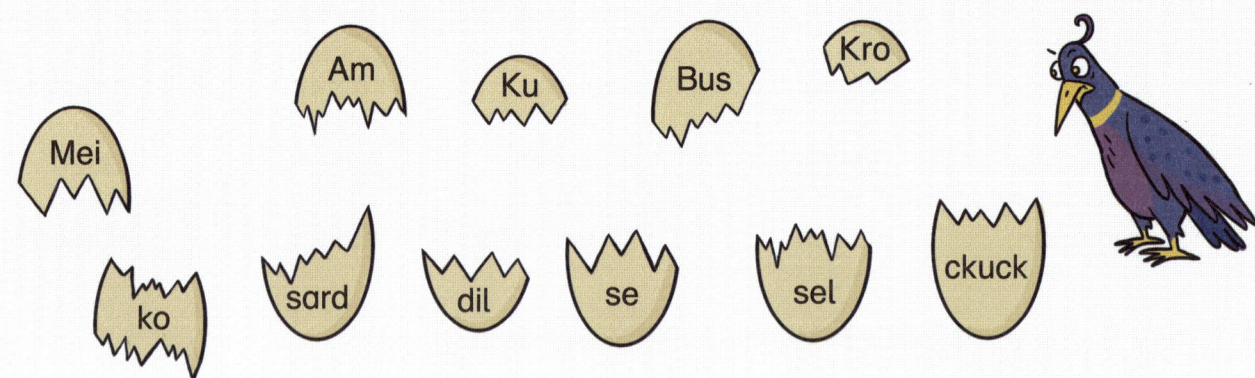

Dieses Tier bleibt übrig:

2 Lesebuch Seite 16 Lies das Gedicht.

3 Eine Aussage ist falsch. Streiche durch.

Der Kuckuck legt Eier in fremde Nester.

Kuckuckseier können vom Baum fallen.

Das Krokodil legt Eier.

Krokodile schlüpfen aus Kuckuckseiern.

Am 1. April macht man besonders viele Scherze.

4 Trage das Gedicht jemandem vor. Übe vorher.
Kannst du es auch auswendig aufsagen?

Lies die Tipps auf Seite 8!

5 Sammelt Aprilscherze. Spielt sie nach.
Ihr könnt euch auch dabei filmen.

In einem Meer von Mohn

1 Wohin geht die Maus?

2  **Lesebuch Seite 16** Lies das Gedicht.

3 Richtig oder falsch? Kreise die Buchstaben ein.

	richtig	falsch
Eine Maus liegt auf einer roten Rose.	B	R
Es weht ein leichter Wind.	T	L
Eine Maus rennt zwischen Blumen.	E	M
Eine weiße Maus träumt.	AU	ÄU

Setze die Buchstaben für das Lösungswort richtig zusammen.

☐ ☐ ☐ ☐

4 Was ist gemeint mit „einem Meer von Mohn"? Kreuze an.

☐ Mohnblumen wachsen am Wasser, damit sie nicht vertrocknen.

☐ Mohnblumen stehen am Meer, da sie die Meeresluft brauchen.

☐ Es sind so viele Mohnblumen, dass sie wie ein Meer aussehen.

5 Wovon träumt die Maus? Schreibe auf.

Die Blüten wogen. Spielt es zu zweit nach.

1

Wenn die Schnecke auf Urlaub geht

1 **Lesebuch Seite 17** Lies das Gedicht.

bescheiden

2 Setze die Reimwörter ein.

aus

„Ich kann das Kofferschleppen nicht _____.

ich packe nicht gerne ein und _____",

Haus

sagte die kleine Schnecke _____

leiden

und verreiste gleich mit dem ganzen _____. ◇

3 Welche Wörter von **2** reimen sich? Markiere sie mit derselben Farbe.
Wie heißt diese Reimform?

_____

4 Male das Haus der Schnecke.

Ich bin auf dem Weg nach

_____

Auf keinen Fall will ich ins All!

1 **Lesebuch Seite 17** Lies das Gedicht.

2 Immer vier Koffer gehören zusammen.
Markiere sie in derselben Farbe.

Desiree	Norden	Bruder	vor dem Haus
Bert	Meer	Richtung Westen	Pferd
Freund	Klaus	Freundin	Schnee

3 Beantworte die Fragen. Schreibe auf.

Mit wem möchten Lutz und Lars zum Mars?

Warum können sie nicht zum Mars fliegen?

Warum rät Papa vom Mars-Besuch ab?

4 **Lesebuch Seite 17** Betrachte das Bild neben dem Gedicht.
Was passiert als Nächstes? Schreibe auf oder zeichne einen Comic.

Das habe ich gelernt

In deinem Lesebuch hast du viele Gedichte kennengelernt.

Kreuze an, was zutrifft.

☐ Ich habe verschiedene Gedichte gelesen.

☐ Ich habe durch Buchstabentausch neue Wörter gebildet.

☐ Ich habe ein Gedicht in Bildern erzählt.

☐ Ich habe Sachinformationen über ein Tier erfahren.

☐ Ich kenne Tipps, um ein Gedicht auswendig zu lernen.

☐ Ich erkenne Reimwörter in einem Gedicht.

☐ Ich weiß, was ein Vers ist.

☐ Ich weiß, was eine Strophe ist.

☐ Ich weiß, was ein Paarreim ist.

☐ Ich weiß, was ein Kreuzreim ist.

Welches Gedicht hat dir besonders gut gefallen?
Schreibe den Titel und die Seite auf.

Seite ☐

Warum hat es dir gefallen? Kreuze an oder schreibe auf.

☐ Das Gedicht war lustig.

☐ Das Gedicht hat mich aufgemuntert.

☐ Das Gedicht hat mich zum Nachdenken gebracht.

☐ Das Gedicht hat meine Fantasie angeregt.

Gedichte-Rallye

Was stimmt? Markiere den richtigen Buchstaben
und setze das Lösungswort zusammen.

1. Welche Tiere
tragen Kostüme?

Tiger **L**   Katzen **I**

2. Wer hat das Gedicht
„Wenn es schneit" geschrieben?

Christa Holtei **B**   Heinz Janisch **T**

3. Wie viele Fische
kann der Angler angeln?

drei **F**   zwei **D**

4. Auf welcher Seite schlüpft
am 1. April aus dem Ei kein Vogel?

Seite 11 **CK**   Seite 16 **CH**

5. Was steht im Schneckenhaus
am Fenster?

eine Blume **P**   eine Kerze **G**

6. Was wird aus dem Traumschiff?

ein Rausschmiss **N**
ein Raumschiff **D**

7. Welches Gedicht hat
Heinz Erhardt geschrieben?

Allee im Herbst **A**   Der Kabeljau **E**

8. Welches Gedicht hat einen Paarreim?

Das Eichhörnchen **G**   Novembervulkan **M**

Jetzt bist du ein | 8 | 7 | 6 | 1 | 4 | 2 | 7 | 5 | RO | 3 | 1 | !

Oberstress mit Unterhose

1 Lies die Wörter. Zeichne die Silbenbögen ein.
Schreibe die Anzahl der Silben dazu. 🔍

Schwimmunterricht ☐   Umkleidekabine ☐

Wette ☐   Parkplatz ☐   Schulhof ☐

2 📖 Lesebuch Seite 20/21 Lies die Geschichte.

3 Richtig oder falsch? Kreise den Buchstaben ein.

	richtig	falsch
Rocco ist immer der Erste.	h	c
Rocco und Nick wetten.	l	r
Nick sitzt als Erster im Bus.	e	o
Rocco muss in Unterhose zur Schule kommen.	v	e
Niemand interessiert sich für die Wette.	d	e
Rocco ist angezogen wie immer.	r	s

Ergänze den Lösungssatz: Rocco ist ganz schön ☐☐☐☐☐☐ !

4 Welches ist das wichtigste Wort (Schlüsselwort) in jedem Absatz? Markiere.

Zeile 1–13:   Fußballplatz   Schwimmunterricht   Pause

Zeile 14–25:   wetten   raten   messen

Zeile 26–36:   verlaufen   vergessen   verloren

Zeile 37–48:   Badehose   Unterhose   Unterhemd

5 Warum heißt die Geschichte „Oberstress mit Unterhose"?
Was hat Rocco gestresst? Schreibe auf.

Sonntag, Montag, Sternentag

1 Setze die fehlenden Silben ein.

kaufs	Stern	Welt	Su	pud	Ex

[   ]permarkt   Ein[   ]wagen   [   ]perte

Wackel[   ]ding   [   ]gucker   [   ]meister

2 📗 **Lesebuch Seite 22/23** Lies die Geschichte.

3 Nummeriere die Sätze in der richtige Reihenfolge. 🔍

[   ] Ben und Nora besorgen 30 Kartons.

[1] Ben fürchtet sich vor dem Referat.

[   ] Nora hat eine gute Idee.

[   ] Alle klatschen laut.

[   ] Sie bereiten die Kartons vor.

[   ] Alle Kinder setzen sich einen Karton auf den Kopf.

4 Lies die Adjektive. Markiere blau, wie Ben sich **vor** dem Referat fühlt.
Markiere gelb, wie Ben sich **nach** dem Referat fühlt.

glücklich	nervös	ängstlich	erleichtert	stolz

aufgeregt	froh	unsicher	entspannt

5 Warum hilft Noras Idee Ben? Schreibe auf.

6 Was hätte Ben noch machen können? Sammelt gemeinsam Ideen.

🦜 Suche in Büchern oder im Internet nach anderen Sternbildern.
Male dein Lieblingssternbild ab.

Plötzlich Käfer

1 Lies die Überschrift und betrachte die Bilder.
Worum geht es in der Geschichte? Vermute.

2 **Lesebuch Seite 26** Lies die Geschichte.

3 Wer ist Gregor? Kreuze an.

4 Nummeriere die Sätze in der richtigen Reihenfolge.

☐ Gregor hopst die Treppe hinunter und macht Saltos.

☐ Gregor trippelt ins Bad.

☐ Gregor zieht eine Hose an.

☐ Gregor wühlt in seiner Kommode.

☐ Gregor schneidet zwei Löcher in das Hemd.

1 Gregor starrt in den Spiegel.

5 Wie geht Gregors Tag weiter? Notiere Stichwörter.

beim Frühstück

in der Schule

am Nachmittag

6 Schreibe deine Fortsetzung der Geschichte auf.
Du kannst auch am Computer schreiben.

auf dem Weg

Ungeheuerlich

1 Finde die drei Wörter. Trenne sie durch Striche |.
Ergänze die Sätze in dieser Reihenfolge.

D F G X B V A M Ä D C H E N K L H G P Ö U N G E H E U E R J G P W M E N S C H B C U

Es geht um ein _____.

Es ist ein _____.

Es sieht aus wie ein _____.

2 📗 **Lesebuch Seite 27** Lies die Geschichte.

3 Ergänze die Sätze.

Zeile 1–4: Wir wohnen seit Kurzem in einer Menschenstadt, weil …

_____.

Zeile 5–10: Ich muss in die Schule, aber …

_____.

Zeile 19–22: Ich muss jetzt schlafen, denn …

_____.

4 Streiche die falschen Wörter durch.

Bei Menschen ist es üblich, Purzelbäume bergauf / bergab zu schlagen.
Auf Bäume klettern sie vorwärts / rückwärts.
Menschen pfeifen durch die Nase / den Mund.
Ungeheuer machen alles genauso / umgekehrt.

Schreibe auf, was bei den Ungeheuern üblich ist.

5 Stell dir vor, du bist in einer Schule für Ungeheuer.
Was wird dort unterrichtet? Erstelle einen ungeheuerlichen Stundenplan.

Traumberuf Ritter

1 Zwei Ritter sind genau gleich. Welche? Kreuze an.

☐    ☐    ☐    ☐

2 📗 Lesebuch Seite 31 Lies die Geschichte.

3 Beantworte die **W**-Fragen. Schreibe auf.

Wer singt Lieder über die Ritter?

_____

Was ist Florettas Wunsch?

_____

Warum möchte sie das?

_____

4 Florettas Vater sagt, was ein Ritter braucht. Trage ein.

_____ und ein _____

5 Überlege dir, welches Abenteuer Floretta erlebt.
Schreibe Stichwörter auf. Erzähle die Geschichte.

_____

_____

_____

_____

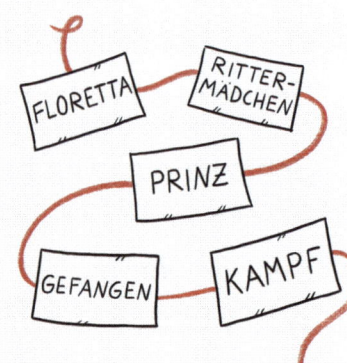

Gauklerei

1 Lesebuch Seite 32/33 Betrachte das Bild. Was stimmt nicht? Streiche durch.

Ein Mann hält einen Esel.   Eine Frau mit Hut lacht.   Im Eimer sind Karotten.
Ein Mann hält ein Radieschen hoch.   Ein Mann greift sich an die Nase.

2 Lesebuch Seite 32–34 Lies die Geschichte.

3 Setze die **W**-Fragen ein und beantworte sie. **W**ann? **W**er? **W**arum?

W_____ spielt die Geschichte?

In der _____.

W_____ gehen Trenk und Thekla in die Stadt?

Es ist _____.

W_____ unterhält das Publikum?

Die _____.

tag   zeit   Gauk   Rit   Markt   ler   ter

4 Womit unterhalten die Gaukler das Publikum? Markiere.

| zaubern | Haselnüsse knacken | Theater spielen | jonglieren |

| Radieschen putzen | Feuer spucken | Staub wischen | angeln |

5 Was passt in welche Zeit? Kreuze an.

	Ritterzeit	heute
Unrat aus dem Fenster kippen	☐	☐
leckere Schokolade	☐	☐
Kinder mit dreckigen Ohren	☐	☐
Jungen, die Theater spielen	☐	☐
Mädchen, die Theater spielen	☐	☐

Endlich wieder zelten!

1 Welchen Weg muss das Auto zum Zeltplatz nehmen? Folge den Wegen zuerst mit den Augen. Male dann den richtigen Weg mit dem Stift nach.

2 ▣ **Lesebuch Seite 38** Lies den Text und schau dir die Bilder an.

3 Der Junge öffnet das Glas. Was passiert?
Streiche die falschen Wörter durch.

Die Marmelade duftet / stinkt.
Es kommen Welpen / Wespen.
Der Junge duckt sich / läuft weg.
Der Junge wirft das Glas in den Bach / Busch.

4 Was bedeutet der Satz „Das Meer liegt nicht um die Ecke"?
Kreuze an.

☐ Das Meer ist weit entfernt. ☐ Das Meer ist ganz nah.

5 Was ist das Besondere am Urlaub auf dem Zeltplatz am Meer?
Schreibe auf. Die Wörter im Wortspeicher können dir helfen.

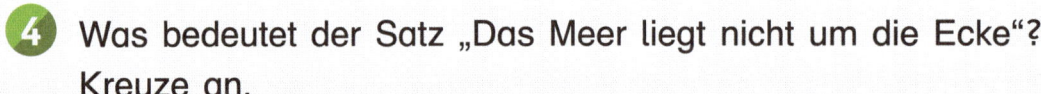

Freiheit	Fernsehen	Strand	andere Kinder
gemütliches Bett	Zeit mit der Familie	Dünen	Berge
Mücken	Wellen	Langeweile	Sternschnuppen

Wie sieht dein Traumurlaub aus? Schreibe auf.

Der Sprung

1 Lies die Zungenbrecher immer schneller.

Der Turmspringer springt vom Sprungturm.
Vom Sprungturm springt der Turmspringer.

Wenn Schwimmerinnen hinter Schwimmern schwimmen,
schwimmen Schwimmerinnen hinter Schwimmern her.

2 Lesebuch Seite 39 Lies die Geschichte.

3 Was passt? Streiche die unpassenden Überschriften durch.

Zeile 1–6: Gedränge im Schwimmbad / Fast allein im Freibad

Zeile 7–10: Angst / Vorfreude

Zeile 11–19: Furchtloser Opa / Mutige Oma

Zeile 20–28: Bauchlandung / Ein perfekter Sprung

4 Wer macht was? Kreuze an, auf wen der Satz zutrifft.

Der Junge   Die Oma

☐   ☐   klettert auf den Fünfer.

☐   ☐   spricht Mut zu.

☐   ☐   steht oben auf dem Sprungbrett.

☐   ☐   springt und kommt pfeilgerade auf.

5 Was glaubst du? Lässt das Kind sich fallen? Schreibe auf und begründe.

Was hast du dich erst nicht getraut und dann doch geschafft?
Wie hast du dich gefühlt? Schreibe deine Geschichte auf.

Das habe ich gelernt

In deinem Lesebuch bist du in den Geschichten
verschiedenen Kindern begegnet.

Kreuze an, was zutrifft.

☐ Ich habe über ein Kind gelesen, das eine gute Idee hatte.

Das Kind heißt _____ , Seite ☐ .

☐ Ich habe ein Kind kennengelernt, dem etwas sehr Seltsames passiert ist.

Die Geschichte heißt _____ , Seite ☐ .

☐ In einer Geschichte ist mir ein Kind aus einer anderen Zeit begegnet.

☐ Diese Figur würde ich gerne besser kennenlernen:

_____ aus der Geschichte

_____ , Seite ☐ .

☐ Ich habe mich schon einmal so gefühlt wie _____

in der Geschichte _____ , Seite ☐ .

☐ Ich habe ein Buch gelesen, das Olli empfohlen hat.

Die ersten Sätze einer Geschichte sind besonders wichtig.
Schreibe den Anfang einer Geschichte auf, der dir gut gefallen hat:

_____

_____

_____

Lies in deinem Lieblingsbuch den Anfang der Geschichte.
Bringe das Buch mit und lies deiner Klasse die ersten Sätze vor.

Ideen für deine eigene Geschichte

Wann?	Wer?	Wo?	Was?
Letzte Woche	Hexe Lu-Na	auf dem Mond	verschwindet spurlos
Heute Nachmittag	Faultier Flo	in der Zukunft	hochgeschossen
Im Jahr 2222	Robo Ta	im Zauberwald	stürzt ab

Suche dir aus jeder Spalte etwas aus oder schreibe eigene Ideen auf.

Denke dir eine Geschichte aus. Schreibe sie mit Anfang, Mittelteil und Schluss auf.

Nachrichten aus aller Welt

1 Was weißt du über Wüsten? Schreibe auf.

_____

_____

2 📗 Lesebuch Seite 44 Lies die Nachricht.

3 Wie nennt man das Ereignis, von dem berichtet wird? Schreibe auf.

auf Deutsch: _____

auf Englisch: _____

4 Streiche in jedem Satz das falsche Wort durch.

Es hatte im Frühling / Herbst sehr viel geregnet.
Der trockene Wüstenboden konnte mehr / weniger Wasser
speichern als in anderen Jahren.
Deshalb blühten in dem Frühling / Herbst viele bunte Blumen
in der Wüste.

> Nachrichten sind Informationen über Neuigkeiten.

5 In welchen Medien könnt ihr Nachrichten lesen oder hören?

_____

_____

_____

Suche eine Internetseite mit Nachrichten für Kinder.
Nutze eine Kindersuchmaschine.

Coole Höhlenwohnungen

1 Lies die Wörter. Zeichne die Silbenbögen ein.
Schreibe die Anzahl der Silben dazu.

unterirdisch ☐   Höhlenwohnungen ☐

Durchgänge ☐   Raumtemperatur ☐

2 Lesebuch Seite 45   Betrachtet die Fotos. Beschreibt, was ihr entdeckt.

3 Lesebuch Seite 45   Lies den Bericht.

4 Was hast du aus dem Bericht erfahren?
Ergänze die Adjektive.

Die Sahara ist eine der _____ Wüsten.

Für das Haus wurde ein _____ Loch gegraben.

Die Nächte in der Wüste sind _____ _____ .

Die Temperatur der Höhlenwohnung bleibt immer _____ .

5 Beantworte die Fragen. Schlage in einem Länderlexikon nach
oder recherchiere mithilfe einer Kindersuchmaschine.

Auf welchem Kontinent befindet sich Tunesien? _____

An welchem Meer liegt Tunesien? _____

Wie heißt die Hauptstadt von Tunesien? _____

Stellt euch vor, ihr dürft eine unterirdische Schule bauen.
Plant gemeinsam. Zeichnet. Präsentiert eure Pläne in der Klasse.

Interview zum Umwelttag

1 Lesebuch Seite 48 Lies das Interview oder lass es dir vorlesen.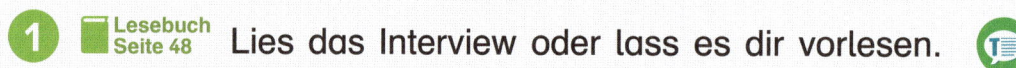

2 Was wurde aufgesammelt?
Schreibe die richtigen Nomen nach dem Alphabet geordnet auf.

> Papiermüll   Getränkedosen   Flaschen   Müllzangen   Tüten
> Verpackungen   Spielzeugteile   Plastikmüll   Blechteile
> Zigarettenstummel   Handschuhe   Fahrrad   Feuerzeuge

3 Sortiere den Müll richtig ein: Papier, Verpackung, Restmüll.
Umkreise blau, gelb oder grau. Berate dich mit anderen Kindern.

4 Bildet drei Gruppen und recherchiert im Internet
mithilfe einer Kindersuchmaschine. Präsentiert am Ende eure Ergebnisse.
Gruppe 1: Was passiert mit dem Papiermüll?
Gruppe 2: Was passiert mit dem Verpackungsmüll?
Gruppe 3: Was passiert mit dem Altglas?

5 Befragt den Hausmeister oder die Hausmeisterin zur Mülltrennung
an eurer Schule. Schreibt eure Fragen vor dem Interview auf.

Kunst aus Kunststoff

1 Was gehört zusammen? Folge den Linien mit den Augen.
Setze die sieben Nomen zusammen und schreibe sie auf.

Tinten-   Plastik-   Kunst-   Pott-   Müll-   Meeres-

-wal   -stoff   -fisch   -tiere   -müll   -werk   -schlucker

2 Lesebuch Seite 49   Lies den Bericht.

3 Welcher Satz passt zu welchem Abschnitt? Gib die Zeilen an.

Künstler zeigen, wie aus Plastikmüll Kunst wird.   Zeile ☐ bis ☐

Viele Meerestiere fressen Müll und sterben daran.   Zeile ☐ bis ☐

Eine Schulklasse hat einen Pottwal hergestellt.   Zeile ☐ bis ☐

4 Worauf wollen die Schülerinnen und Schüler mit ihrem Kunstwerk hinweisen?
Sprecht darüber.

5 Bastle ein Fantasietier aus gewaschenem Plastikmüll.

Welcher Name passt zu deinem Tier?

• Lege den gewaschenen Plastikmüll, eine Schere
  und Doppelklebeband bereit.
• Suche Passendes für die Körperteile aus.
• Klebe die Teile zusammen.

Kleine Helfer

1 **Lesebuch Seite 52** Lies den Text.

2 Beantworte die **W**-Fragen. Schreibe auf.
Wer sind die kleinen Helfer? **Wobei** helfen sie?

3 **Lesebuch Seite 52** Lies die Steckbriefe.

4 Schreibe den Steckbrief vom Regenwurm ab.
Ergänze die Informationen. Suche im Text,
schlage in einem Lexikon nach oder nutze eine Kindersuchmaschine.

Name:

Größe:

Farbe:

Lebensraum:

Ernährung:

Körperbau:

Feinde:

Besonderes:

Sammelmeister und Sprungtalent

1 Lies die Überschrift und betrachte das Foto.
Ergänze den Satz.

Das ⬚ kann besonders gut

⬚ und ⬚ .

2 📗 **Lesebuch Seite 53** Lies den Text.

3 Was braucht das Eichhörnchen für seinen Kobel?

⬚

⬚

4 Richtig oder falsch? Kreise den Buchstaben ein.

	richtig	falsch
Das Eichhörnchen legt seinen Wintervorrat am liebsten in verlassene Vogelnester.	N	K
Die Vorräte vergräbt es an Baumstämmen.	Ü	O
Das Nest baut es auch am Fuß eines Baumes.	B	S
Sein größter Feind ist der Baummarder.	S	E
Es versteckt sich vor dem Baummarder.	R	E

Lösungswort: ⬚ ⬚ ⬚ ⬚ ⬚

5 Wie entkommt das Eichhörnchen dem Baummarder?
Schreibe eine spannende Geschichte. Du kannst sie auch
am Computer schreiben. So kannst du beginnen:

> Ein Eichhörnchen sitzt gemütlich
> in seinem Kobel.
> **PLÖTZLICH**

„Hallo, wer spricht da?"

Achte auf die Satzzeichen!

1 📗 Lesebuch Seite 56/57 Lies den Text und sieh dir die Bilder an.

2 Nummeriere die Satzteile in der richtigen Reihenfolge. Schreibe ihn danach auf.

☐ miteinander sprechen, ☐ zwei Menschen ☐ die voneinander

☐ Mit dem Telefon ☐ weit entfernt waren. ☐ konnten zum ersten Mal

3 Ordne die Bilder den Jahreszahlen zu. Verbinde. 🔍

1900　　　　　　　1950　　　　　　　1980

4 Früher hatte ein Telefon ein Kabel. Was bedeutete das? Überlege und schreibe auf.

_____

_____

5 Die ersten Telefone hatten Kurbeln. Wozu brauchte man die Kurbel? Gebt „Telefon" in eine Kindersuchmaschine ein. Erklärt euch gegenseitig.

6 Wie sieht das Telefon der Zukunft aus? Was kann es? Male auf ein Blatt und schreibe dazu. Macht eine Ausstellung.

Telefonkette

1 Spielt im Stuhlkreis „Stille Post".

Du weißt nicht, wie's geht? Gib „Stille Post" in eine Kindersuchmaschine ein.

2 **Lesebuch Seite 58** Lies den Text und die Sprechblasen.

3 Was passiert mit der Nachricht?
Streiche die falschen Wörter durch.

Die Nachricht wird immer gleich / anders weitergegeben.

Am Ende kommt zufällig eine andere / die erste Nachricht heraus.

4 Lies den Text. Ergänze **e** oder **o**.

Früh☐r k☐nnt☐ man n☐ch kein☐ E-Mails ☐d☐r

Kurznachricht☐n an Grupp☐n v☐rs☐nd☐n.

Mit d☐m T☐l☐f☐n k☐nnt☐ man

nur ein☐ P☐rs☐n anruf☐n.

W☐nn die Nachricht nicht eilig war,

k☐nnt☐ man auch Brief☐

schreib☐n und mit d☐r P☐st

v☐rschick☐n.

Früh☐r braucht☐ man m☐hr Zeit,

um ein☐r Grupp☐ ☐twas mitzuteil☐n.

Findet heraus, was eine Telefonzelle war. Wie hat man sie benutzt?

Fotoprojekt

1 📖 Lesebuch Seite 60 Seht euch die Fotos an. Was wird fotografiert? Was ist besonders? Sprecht darüber.

2 📖 Lesebuch Seite 60/61 Lies die Anleitung.

3 Bereite das Projekt vor. Fülle den Plan aus.

Ich bilde mit [_____] ein Team.
(Wem?)

Wir fotografieren mit [_____].
(Welches Gerät?)

Wir gehen zum Fotografieren [_____].
(Wohin?)

4 Ergänze die Sätze.

Motiv   Perspektiven   pralle Sonne

Ich probiere verschiedene [_____] aus.

Ich meide die [_____].

Ich prüfe, ob das [_____] scharf ist.

5 Bewerte dein Fotoprojekt.
Male den passenden Daumen aus.

 Ich bin gut mit meiner Kamera zurechtgekommen.

 Ich habe auf das Licht geachtet.

 Ich habe mehrere Motive fotografiert.

  Ich habe verschiedene Perspektiven ausprobiert.

Das habe ich gelernt

In deinem Lesebuch hast du verschiedene Sachtexte kennengelernt.

Kreuze an, was zutrifft.

Das habe ich gelesen:

☐ einen Nachrichtentext   ☐ ein Interview

☐ einen Steckbrief   ☐ eine Anleitung   ☐ einen Bericht

☐ Ich weiß mehr über andere Länder.

☐ Ich weiß, warum es wichtig ist, die Umwelt zu schützen.

☐ Ich weiß mehr über Tiere im Herbst.

☐ Ich weiß mehr über Dinge, die es früher gab.

☐ Ich habe ein Projekt vorbereitet und durchgeführt.

☐ Ich habe eine Ausstellung geplant und präsentiert.

In diesem Text habe ich etwas Spannendes erfahren:

_____

Diesen Text habe ich besonders gern gelesen:

_____

So kann ich die Umwelt schützen:

_____

_____

Darüber möchte ich mehr wissen:

_____

_____

Zwei Frösche

1 Lies die Wörter. Zeichne die Silbenbögen ein.
Schreibe die Anzahl der Silben dazu.

probieren ☐   schleckten ☐   erreichen ☐

saßen ☐   herauskommen ☐   strampelten ☐

2 📖 Lesebuch Seite 64 Lies die Fabel.

3 Suche fünf Nomen aus der Fabel in dem Suchsel.
Suche so → und so ↓. Markiere die Nomen farbig.

D	G	B	E	I	N	E	K
P	F	W	S	E	A	Z	R
E	R	G	H	P	R	R	U
W	Ö	U	A	L	T	I	G
H	S	A	H	N	E	L	N
I	C	S	L	O	I	P	Ö
Ü	H	B	U	T	T	E	R
L	E	I	P	T	B	N	F

4 Verbinde die Satzhälften passend. Schreibe sie auf.

Der eine Frosch gibt auf	wird aus der Sahne Butter.
Durch das Strampeln	und überlebt.
Der andere Frosch strampelt	und ertrinkt.

👥🦜 Gab es schon einmal eine Situation, in der du nicht aufgegeben hast und danach sehr stolz auf dich warst? Erzähle die Geschichte einem Partnerkind. Ihr könnt sie aufschreiben und ein Bild dazu malen.

Der Hase und die Schildkröte

1 Was passt zu einer Schildkröte? Was passt zu einem Hasen?
Schreibe Wörter auf.

2 **Lesebuch Seite 65** Lest die Fabel. Betrachtet dabei die Bilder genau.

Ein Kind spricht den Hasen, das andere die Schildkröte. Tauscht die Rollen.

3 Nummeriere die Sätze in der richtigen Reihenfolge.
Schreibe sie in der richtigen Reihenfolge auf.

☐ Der Hase rennt der Schildkröte hinterher.

☐ Der Hase startet viel schneller als die Schildkröte.

☐ Die Schildkröte überholt den Hasen.

☐ Die Schildkröte gewinnt gegen den Hasen.

1 Der Hase fordert die Schildkröte zu einem Wettrennen auf.

☐ Wer nicht aufgibt, der wird belohnt.

☐ Der Hase legt sich unter einen Baum.

Spielt die Fabel.

Los, wir machen ein Wettrennen!

4 Überlege dir zwei andere Tiere und male.

Die Maus unter dem Kornspeicher

1 Suche den Weg der Maus zu den Körnern. Folge den Linien erst nur mit den Augen. Male dann den richtigen Weg mit dem Stift nach.

2 **Lesebuch Seite 67** Lies die Fabel oder lass sie dir vorlesen.

3 Setze das richtige Fragewort ein.

W_____ spielt die Fabel?   Sie spielt unter einem Kornspeicher.

W_____ fällt aus dem Loch?   Es fallen einzelne Körner herab.

W_____ ist die Maus unzufrieden?   Sie will nicht auf die Körner warten.

W_____ macht die Maus?   Sie nagt das Loch größer.

W_____ macht der Bauer?   Er nagelt das Loch zu.

4 Was passt zum Ende der Geschichte? Markiere.

Die Maus …

| ist zufrieden. | geht leer aus. | ist enttäuscht. | freut sich. |

5 Welche Moral passt auch zu der Geschichte? Kreuze an.

☐ Wer anderen eine Grube gräbt, fällt selbst hinein.

☐ Wie du mir, so ich dir.

☐ Wer zufrieden ist, ist reich.

Der Bär und der Löwe

1 Lesebuch Seite 68 Sieh dir das Bild an. Vermute, worum es in der Fabel geht. Kreuze an.

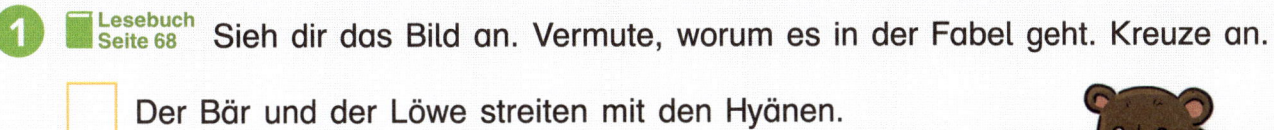

☐ Der Bär und der Löwe streiten mit den Hyänen.

☐ Der Bär und der Löwe streiten, die Hyänen schauen zu.

☐ Alle Tiere streiten sich.

2 Lesebuch Seite 68 Lies die Fabel.

3 Trenne die Wörter |. Schreibe sie mit ihrem Artikel auf. 🔍

B Ä R K U H L Ö W E H U N G E R K N Ä U E L H I E B E W U N D E N H Y Ä N E N

4 Welche Verben passen nicht zu der Fabel? Streiche sie durch.

streiten   vertragen   feiern   knurren   spielen   kämpfen   fressen   trinken   bereuen

5 Wer bleibt am Ende hungrig? Schreibe auf.

6 Erzähle die Fabel nach. Nutze die passenden Wörter von **3** und **4**.

LÖWE   BÄR

7 Verbinde die Satzteile passend.
Welche Lehren passen zur Fabel? Markiere mit unterschiedlichen Farben.

Wenn zwei sich streiten,   das verschiebe nicht auf morgen.

Des einen Freud   freut sich der Dritte.

Was du heute kannst besorgen,   ist des anderen Leid.

🦜 Suche in einem Tierlexikon und im Internet nach Informationen über Hyänen.
Gestalte ein Infoblatt.

Der große Löwe und die kleine Maus

1 📗 Lesebuch Seite 70 Sieh dir die Bilder an. Lies die Texte in den Sprechblasen.

2 Richtig oder falsch? Kreise ein.
Setze die Silben passend zusammen und ergänze den Satz.

	richtig	falsch
Der Löwe hält die Maus fest.	KL	TR
Der Löwe und die Maus sind im Netz.	AU	EI
Die Maus befreit den Löwen.	NE	EN

Auch ☐ ☐ ☐ können Großen helfen.

3 Ordne die Adjektive der Maus und dem Löwen zu. Kreise farbig ein.

groß	klein	stark
mutig	schlau	dankbar
überheblich	hilfsbereit	

4 Wieso passt der Satz „Wie du mir, so ich dir"
zu der Fabel? Kreuze an.

☐ Die Maus freut sich, weil am Ende der Löwe Angst hat.

☐ Die Maus ist schadenfroh, weil der Löwe gefangen ist.

☐ Die Maus tut dem Löwen Gutes, weil er ihr Gutes getan hat.

Ihr könnt die Fabel auch spielen.

👥 🦜 Hast du schon einmal erlebt,
wie Kleine Großen geholfen haben?

Der Fuchs und der Storch

1 Welches Tier benutzt welches Geschirr zum Essen?
Vermute und verbinde.

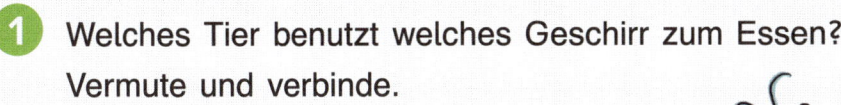

2  **Lesebuch Seite 71** Lies die Fabel oder lass sie dir vorlesen.

3 Lies die Wörter. Schreibe sie richtig mit ihrem Artikel auf.

Kre Schnal Een Schuze Köslichiten Leerbien

4 Finde Überschriften für die Absätze. Schreibe auf.

Zeile 1–11:

Zeile 12–22:

5 Ergänze die Sätze.

Der Fuchs ist gemein, weil

Der Storch rächt sich, indem er

Welche zwei anderen Tiere können nicht gut zusammen essen?
Schreibe auf und begründe.

Das habe ich gelernt

In deinem Lesebuch hast du verschiedene Fabeln kennengelernt.

Kreuze an, was zutrifft.

☐ Ich habe verschiedene Fabeln gelesen.

Ich habe Fabeln mit diesen Tieren gelesen:

☐ Frosch   ☐ Hase   ☐ Maus   ☐ Schildkröte

☐ Bär   ☐ Löwe   ☐ Hyäne   ☐ Fuchs   ☐ Storch

Dieses Tier mochte ich am liebsten: _____

☐ Ich habe die Moral einer Fabel gelesen.

☐ Ich weiß, was die Moral einer Fabel ist.

Welche Fabel aus dem Lesebuch hat dir besonders gut gefallen?

Titel der Fabel: _____

Tiere in der Fabel: _____

Autor / Autorin: _____

Moral der Fabel: _____

_____

Kennst du noch eine andere Fabel, die nicht im Lesebuch steht?
Wie heißt sie? Welche Tiere spielen mit?

_____

_____

Bringe die Fabel in die Schule mit. Zeige sie deiner Klasse.

Der Rabe und der Fuchs

Vervollständige den Text und die Bilder.

Ein Rabe hatte einen Käse gefunden.
Er flog mit dem Käse in den Krallen
auf einen Baum, um ihn dort
zu verspeisen.
Krächzend saß er da und freute sich
auf den Leckerbissen.

Ein Fuchs hörte das Krächzen.
Der Fuchs hatte großen Hunger.

Er überlegte, wie er _____

_____

_____

Der Fuchs lobte den Gesang
des krächzenden Raben.
Der Fuchs wünschte sich

ein _____ .
Das gefiel dem Raben sehr.

Der Rabe riss den Schnabel auf,
um ein Lied zu singen. Da fiel ihm

der _____ herunter.

Darauf hatte der schlaue _____
gewartet!

nach Äsop

Darum denke nach, bevor du handelst!

Schläfst du?

1 Lies den Satz schnell und immer schneller.

Tiere zum Kuscheln sind Kuscheltiere.

2 **Lesebuch Seite 78/79** Lest das Spielstück zu dritt.
Wer spielt mit? Worum geht es? Was passiert? Sprecht darüber.
Lest zuerst bis Zeile 11. → Lest dann bis Zeile 21.
→ Lest nun bis Zeile 35. → Lest bis zum Ende.

3 Wer macht was? Verbinde.

Popow

Nono

Pedro

Micha

Zaza

Kaki

Omar

Jane

kann nicht einschlafen, möchte vorgelesen bekommen, verleiht sein Kuscheltier.
lässt alle in sein Bett und liest vor.
schnarcht und verschläft die meiste Zeit.
leiht sich ein Kuscheltier, lässt Zaza nicht in sein Bett.
möchte in Pedros Bett schlafen, lässt Kaki aus ihrem Glas trinken.
hat Durst, trinkt aus Zazas Glas.
kommt als Letztes in Michas Bett.
kommt auch in Michas Bett.

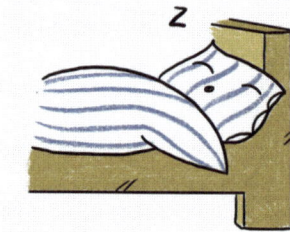

4 Setze die richtigen Namen ein und vervollständige die Sätze.

Zuerst schläft nur ⬚⬚⬚⬚⬚⬚⬚⬚⬚⬚. Am Ende schlafen ⬚⬚⬚⬚⬚⬚

⬚⬚⬚⬚⬚⬚⬚⬚⬚⬚⬚⬚⬚⬚⬚⬚⬚⬚⬚⬚⬚⬚.

5 Bereitet die Aufführung vor. Verteilt die Rollen. Übt das Lesen.
Achtet dabei auf die Satzzeichen und die Betonung.

Piraten-Party!

1 Setze die Buchstaben in die Wörter ein.

| oo | tt | sch | eu | en | ng | tz | ee |

Fla[   ]enpost   Abent[   ]er   S[   ]leute   Scha[   ]karte

Beib[   ]t   Gewi[   ]er   Palm[   ]insel   Einladu[   ]

2 📗 Lesebuch Seite 80/81 Lies das Spielstück.

3 Trenne die Wörterschlange und schreibe den Satz auf.

INDERFLASCHENPOSTSTECKTEINEEINLADUNG.

4 Ordne die Regieanweisungen dem Spielstück passend zu. Gib die Zeilen an.

Zieht den Korken aus der Flasche.   Zeile [   ]

Die Seeleute ziehen das Segel hoch.   Zeile [   ]

Hält mit dem Fernrohr Ausschau.   Zeile [   ]

Klopft den beiden auf die Schulter.   Zeile [   ]

5 Überlegt, von welchen Abenteuern die Seeleute berichten. Macht euch Notizen. Lasst die Figuren ihre Abenteuer erzählen.

Klunkergold: **Als wir damals diese riesige Truhe endlich ausgegraben haben, war darin kein Schatz, sondern ...**

Mitvielmut: **Wisst ihr eigentlich, wie ich zu meinem Namen kam? Also, das war so ...**

🦜 Viele Schauspieler haben „Lampenfieber". Was ist das? Kreuze an.

[ ] Sie sind krank und müssen ins Bett.

[ ] Sie sind sehr aufgeregt.

Tipps gegen Lampenfieber findest du in deinem Lesebuch auf Seite 76!

Die große Rallye

1 Wer ist wer? Folge den Linien zuerst mit den Augen.
Male sie dann mit verschiedenen Farben nach.

Karlo Kandinsky   Linda Lombardi   Tom Turbowsky   Wilma Wullenwelle

Radioreporterin   Sieger des Vorjahres   Frau von Fahrer   Radioreporter

2 Lies die Wörter. Schreibe die Anzahl der Silben dahinter.

Limousine `4`   Startlinie `☐`   Mikrofon `☐`

Hafenbecken `☐`   Fahrerfeld `☐`   Zielgerade `☐`

3 📗 **Lesebuch Seite 84/85** Lies das Spielstück.

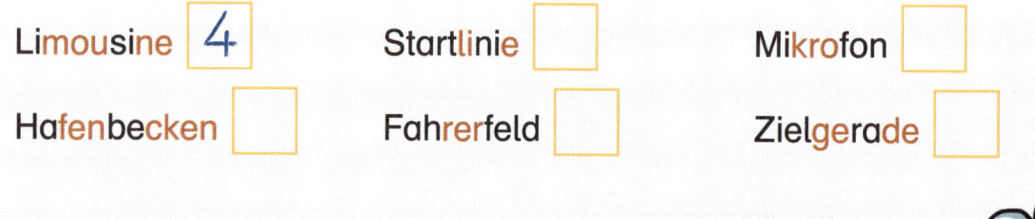

4 Bereitet das Live-Hörspiel vor. Geht so vor:

1. Verteilt die Rollen.

2. Sprecherinnen und Sprecher:
   Übt das Lesen. Sprecht laut und deutlich. Wie spricht deine Rolle noch?
   mitreißend, aufgeregt, angeberisch, mitfiebernd, erschrocken, erleichtert …
   Geräuschemacherinnen und Geräuschemacher:
   Sucht nach den passenden Materialien und Gegenständen
   für die Geräusche. Probiert unterschiedliche Möglichkeiten.

3. Übt gemeinsam. Klingt es wie eine spannende Radioreportage?
   Könnt ihr noch etwas verbessern?

4. Führt das Live-Hörspiel auf.

Das habe ich gelernt

In diesem Lesebuch hast du unterschiedliche Spielstücke kennengelernt.

Kreuze an, was zutrifft.

☐ Ich habe verschiedene Spielstücke gelesen.

☐ Ich habe bei einer Aufführung mitgewirkt.

☐ Ich habe meinen Körper vor dem Spielen gelockert.

☐ Ich habe meine Stimme vor dem Spielen aufgewärmt.

☐ Ich habe mir vorgestellt, wie eine Figur spricht, und unterschiedliche Betonungen ausprobiert.

☐ Ich habe mir vorgestellt, wie die Figur sich fühlt.

☐ Ich habe mich für eine Rolle verkleidet.

☐ Ich habe eine Rolle gespielt.

Ich war: _____

☐ Ich weiß, was Requisiten sind.

☐ Ich habe Requisiten für ein Spielstück besorgt oder hergestellt.

☐ Ich weiß, was ein Live-Hörspiel ist.

☐ Ich habe Geräusche für ein Live-Hörspiel gemacht.

Damit konnte ich diese Geräusche erzeugen:

_____

_____

☐ Ich habe eine Aufführung gesehen.

Welche Rolle hat dir in einem Spielstück besonders gut gefallen? Begründe.

_____

_____

Medien sind nützlich.

1. Ich nutze verschiedene Medien.

	jeden Tag	oft	manchmal	selten	nie
Bücher					
Hörbücher					
Tablet					
Smartphone					
Computer					
Fernseher					
Radio					

2. Ich finde, was ich wissen will.

Fernsehen   Kindersuchmaschine   Zeitungen   Bücherei

Kinderseiten im Internet   Zeitschriften   Radio

Ich leihe Bücher zu bestimmten Themen in der _____ aus.

Ich kann mithilfe einer _____ im Internet

recherchieren. Nachrichten für Kinder finde ich in _____ oder

_____ , im _____

oder _____ und auf _____ .

3. Ich tausche mich mit anderen aus.

☐ Ich bespreche mit anderen Kindern,
welche Medien ich nutzen möchte.

☐ Ich nutze Medien, um andere Kinder
über etwas zu informieren.

☐ Ich tausche meine Meinung mit anderen aus.

☐ Ich bin freundlich und respektvoll zu anderen,
auch wenn ich anderer Meinung bin.

4. Ich präsentiere meine Ergebnisse.

☐ Ich habe Texte am Computer geschrieben.

☐ Ich habe Texte am Computer gestaltet.

☐ Ich habe Schriften verändert.

☐ Ich weiß, dass ich Fotos und Texte von anderen
nicht ohne Erlaubnis benutzen darf.

5. Ich denke darüber nach, wofür ich Medien nutze.

Die Mindmap hilft mir dabei:
In die Mitte schreibe ich, welches Medium ich häufig nutze.
Außen herum schreibe ich, wofür ich es nutze.

schreiben   telefonieren   recherchieren   fotografieren   spielen

filmen   Filme schauen   Videos schauen   Bilder versenden

Nachrichten schreiben   Hausaufgaben   Kindernachrichten   informieren

(Medium)

*Das machst du **vor** dem Lesen.*

- Lies nur die Überschrift.

- Sieh dir die Bilder an.

- Überlege: Ist es ein Sachtext oder ist es eine Geschichte?

- Vermute: Worum geht es in dem Text?

  Weißt du schon etwas über das Thema?

*Das machst du **beim** Lesen.*

- Lies den Text langsam und genau.

- Wenn du Wörter nicht kennst:

  Lies die Textstelle noch einmal.

  Sieh dir die Bilder noch einmal an.

  Schlage die Wörter nach.

- Stelle W-Fragen an den Text und beantworte sie.

- Finde die Schlüsselwörter in jedem Absatz.

*Das machst du **nach** dem Lesen.*

- Überlege: Hast du alles verstanden?

- Überprüfe: Was hast du Neues erfahren?

- Vergleiche: Waren deine Vermutungen richtig?

Welchen Lesetipp verwendest du besonders häufig?